NHK出版
オリジナル楽譜シリーズ

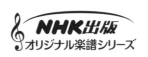

大河ドラマ

青天を衝《つ》け

メインテーマ ピアノ・ソロ譜

作曲
佐藤 直紀

作曲家からのメッセージ

佐藤 直紀

渋沢栄一出生の地、血洗島《ちあらいじま》の風景からこのテーマ曲は始まります。深谷（旧血洗島）の土地を訪れた時に見たもの、感じたものを音楽にしました。木管は鳥の囀《さえず》り、1stViolin は風、2ndViolin は小川、ハープは落葉、低音の大きなフレーズは利根川と巨樹。そしてその後、音楽は血洗島を発った渋沢栄一が願う日本の希望へと展開していきます。様々なフレーズを散りばめたオーケストラの音すべてをピアノ・ソロ楽曲として変換するのは不可能ですが、それでもテーマ曲の世界観を十分堪能していただける編曲に仕上がっていると思います。途中、作曲に迷い一向に作業が進まなかった時、渋沢栄一に扮する吉沢亮さんとお会いできる機会がありました。彼の静かな佇《たたず》まいと澄んだ瞳が、僕の目の前に広がり視界を邪魔し続けてきた霧を一瞬で消し去り、いかなる音楽を書くべきか教えてくれました。

まずは大河ドラマ「青天を衝《つ》け」を是非楽しんで頂き、その余韻としてこの Piano 曲が皆様のお役に立てば幸いです。

ピアノ編曲者による演奏アドバイス

後藤沙希乃

「青天を衝《つ》け メインテーマ」は壮大で凛々《りり》しく、ピアノ・ソロでもその雰囲気が感じられるようアレンジしました。テンポはゆったりしていますが、決して緩まず、音が向かう矢印を前へ前へ進める演奏を心掛けてみましょう。

初級編について

音を省略していますが１つ１つのメロディー、強弱のつけ方を大切に演奏しましょう。また和音の響きにも耳を傾けそのサウンドを楽しみ、味わいながら演奏して下さい。

上級編について

主のメロディーだけではなく内声もよく聴き、１つ１つのメロディーの絡み方、縦横の流れを大切に演奏して下さい。左手から右手へメロディーを受け継ぐところは、１つのラインであることを意識しましょう。

「青天を衝《つ》け メインテーマ」の世界観を楽しんで演奏してもらえたらうれしいです。

Piano Solo
Level Ⅰ
ピアノ・ソロ初級

青天を衝《つ》け

メインテーマ ～初級編～

佐藤直紀　作曲
後藤沙希乃　ピアノ編曲

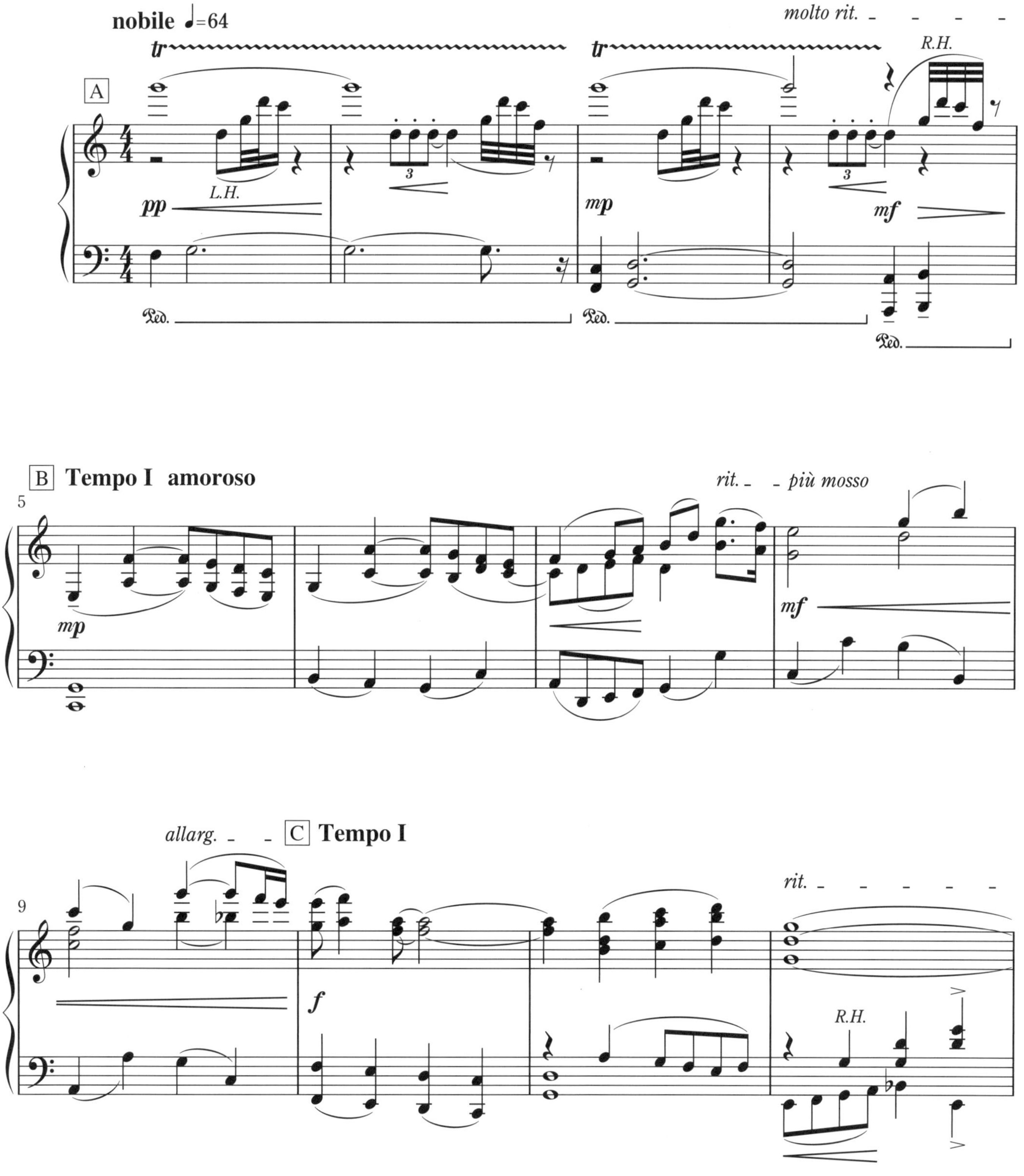

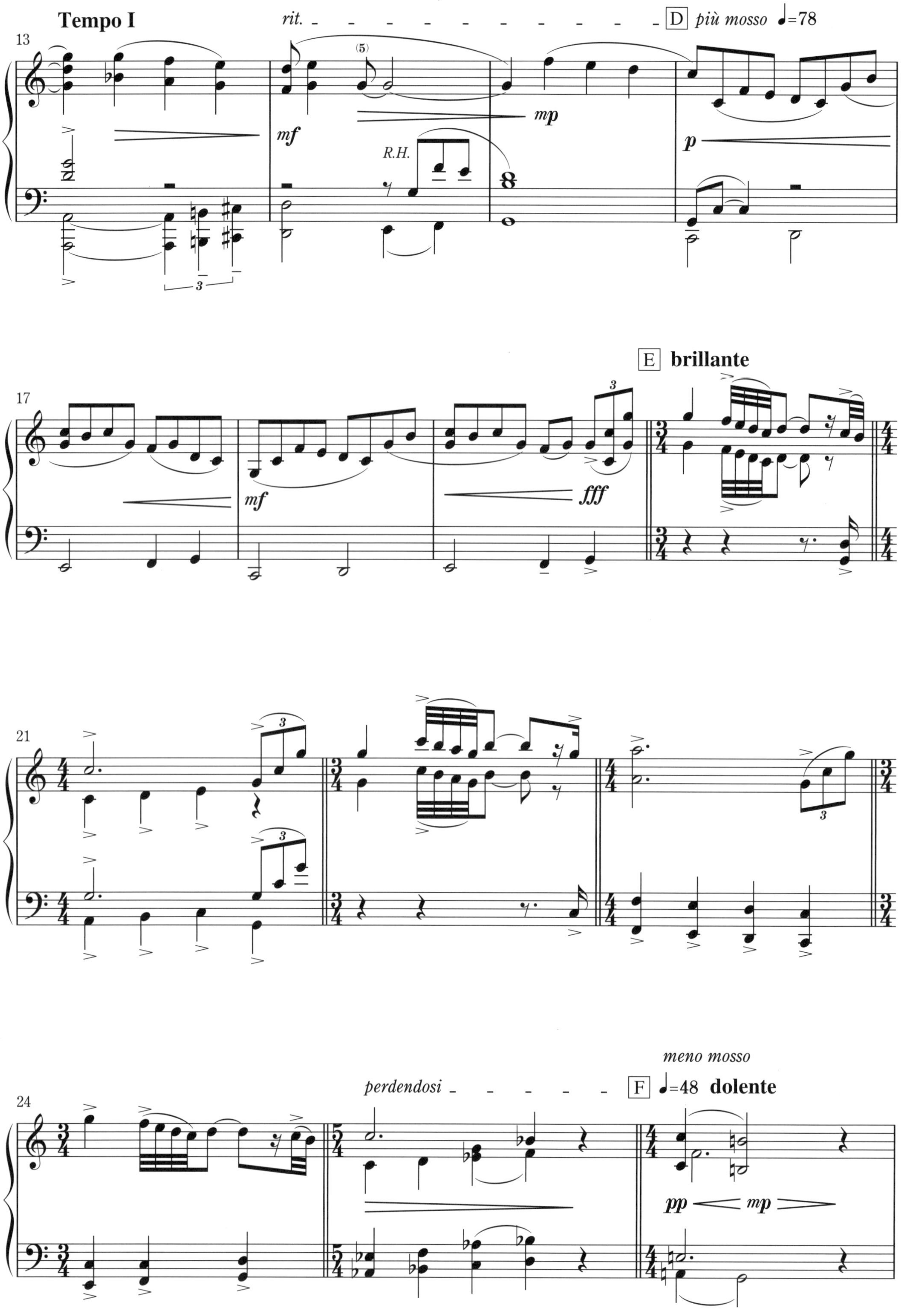
Tempo I
rit.
D più mosso ♩=78
13
(5)
mp
mf
R.H.
p
E brillante
17
mf
fff
21
24
meno mosso
perdendosi
F ♩=48 dolente
pp
mp

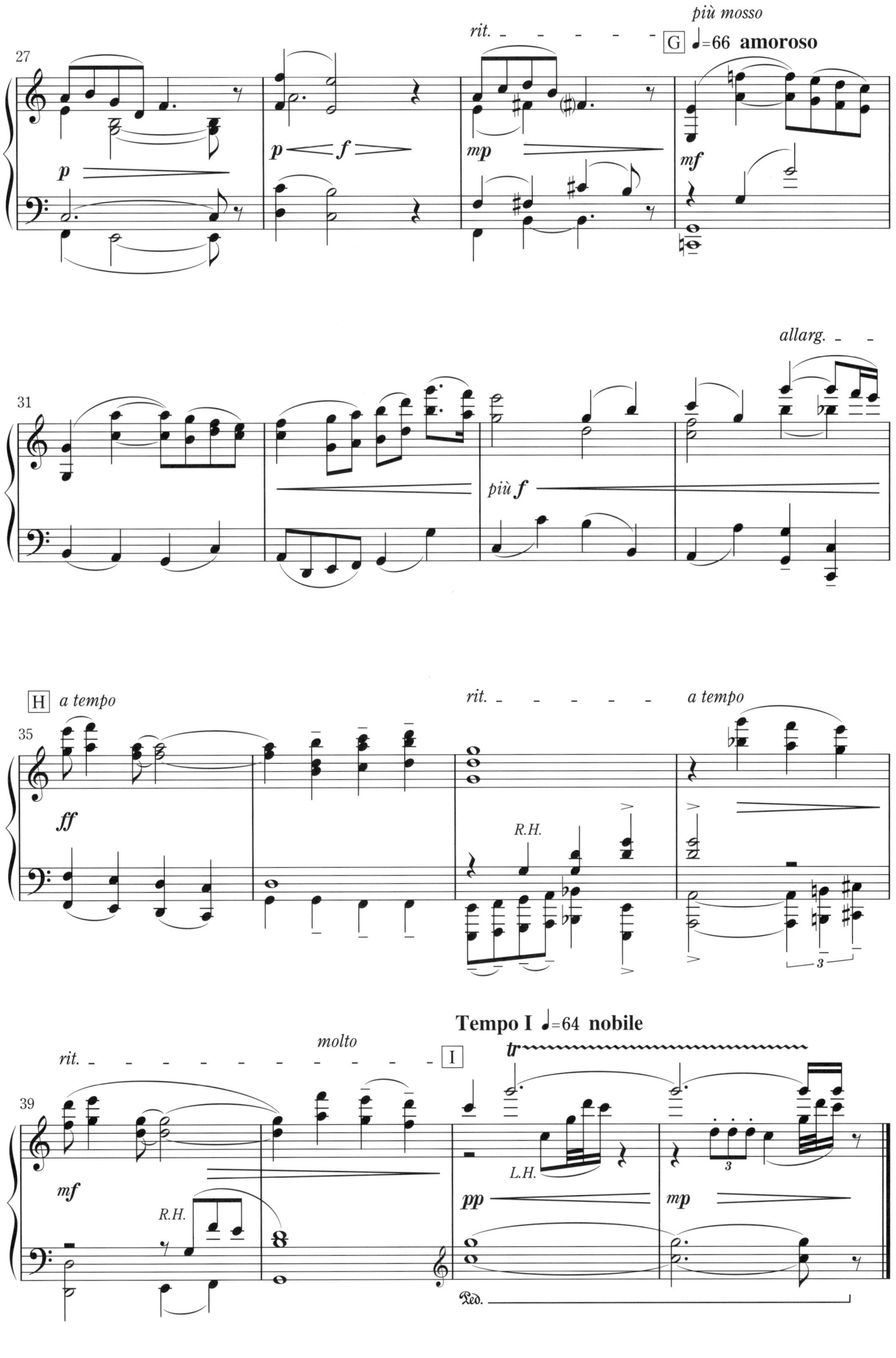

27
rit.
più mosso
G ♩=66 amoroso
p
p f
mp
mf
31
allarg.
più f
H a tempo
35
ff
rit.
a tempo
R.H.
3
39
rit.
molto
I
Tempo I ♩=64 nobile
tr
mf
R.H.
L.H.
pp
mp
3
Ped.

Piano Solo
Level Ⅱ
ピアノ・ソロ上級

青天を衝《つ》け

メインテーマ ～上級編～

佐藤直紀　作曲
後藤沙希乃　ピアノ編曲

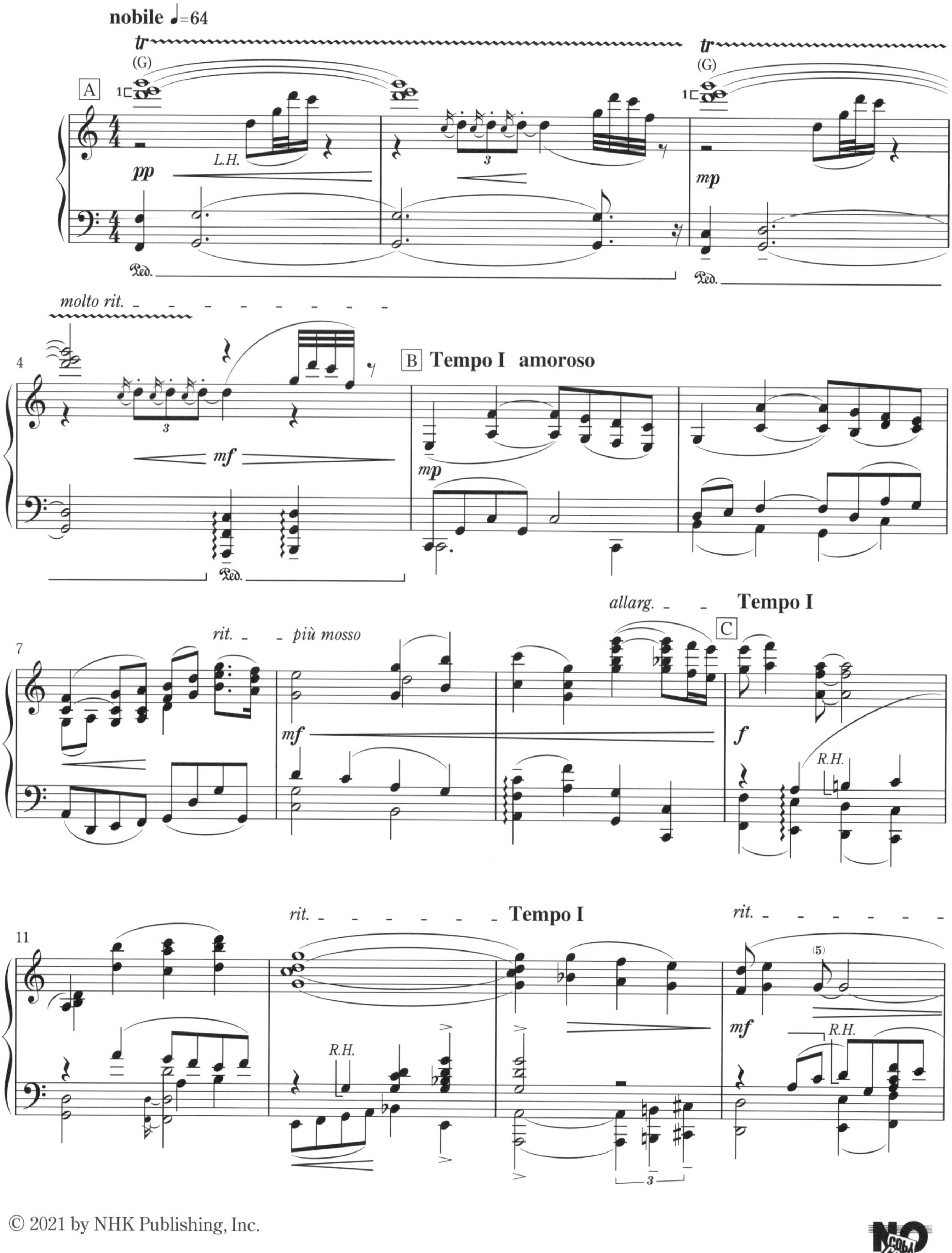

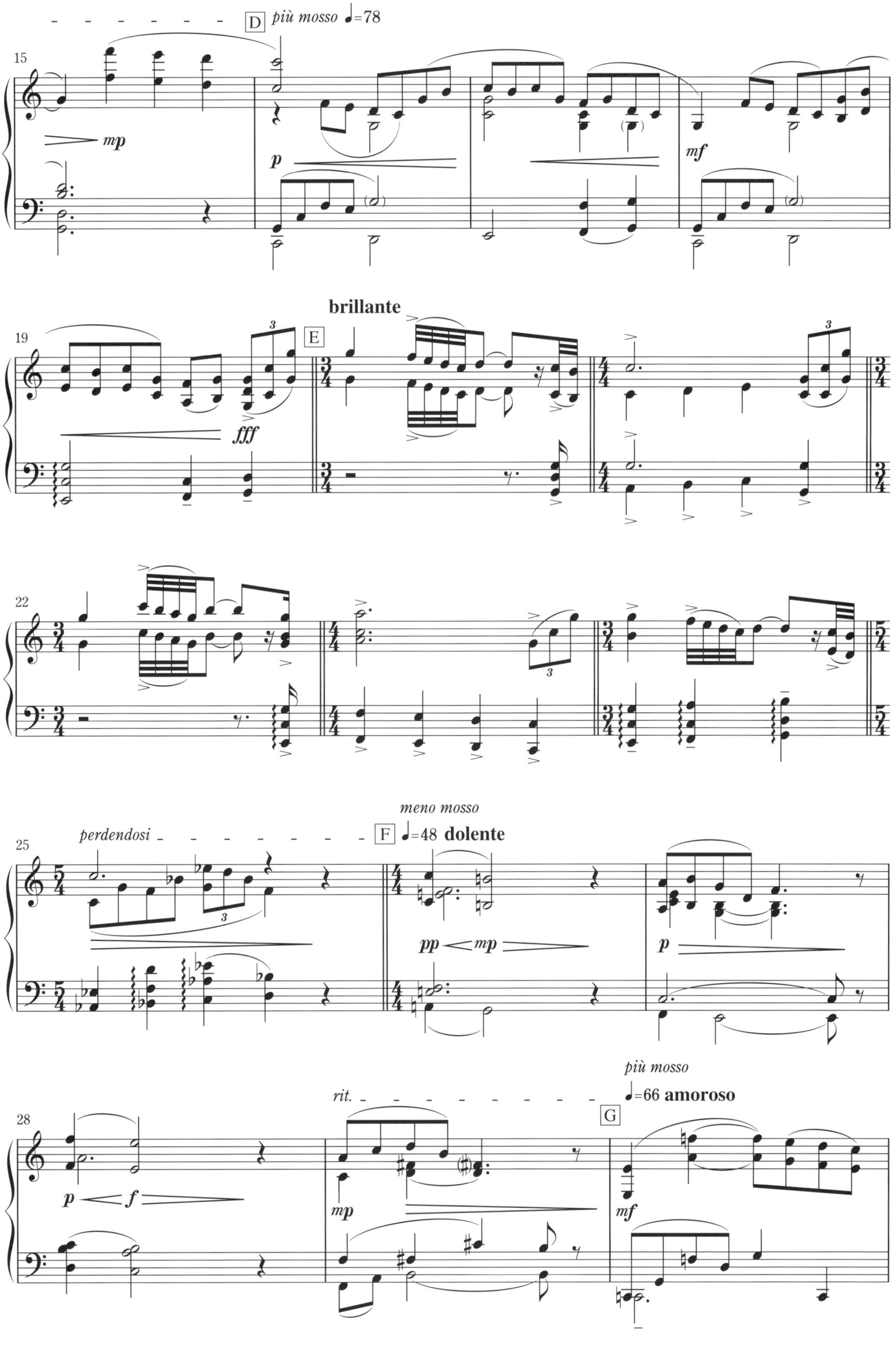
D più mosso ♩=78
brillante
E
perdendosi
meno mosso
F ♩=48 dolente
rit.
più mosso
♩=66 amoroso
G

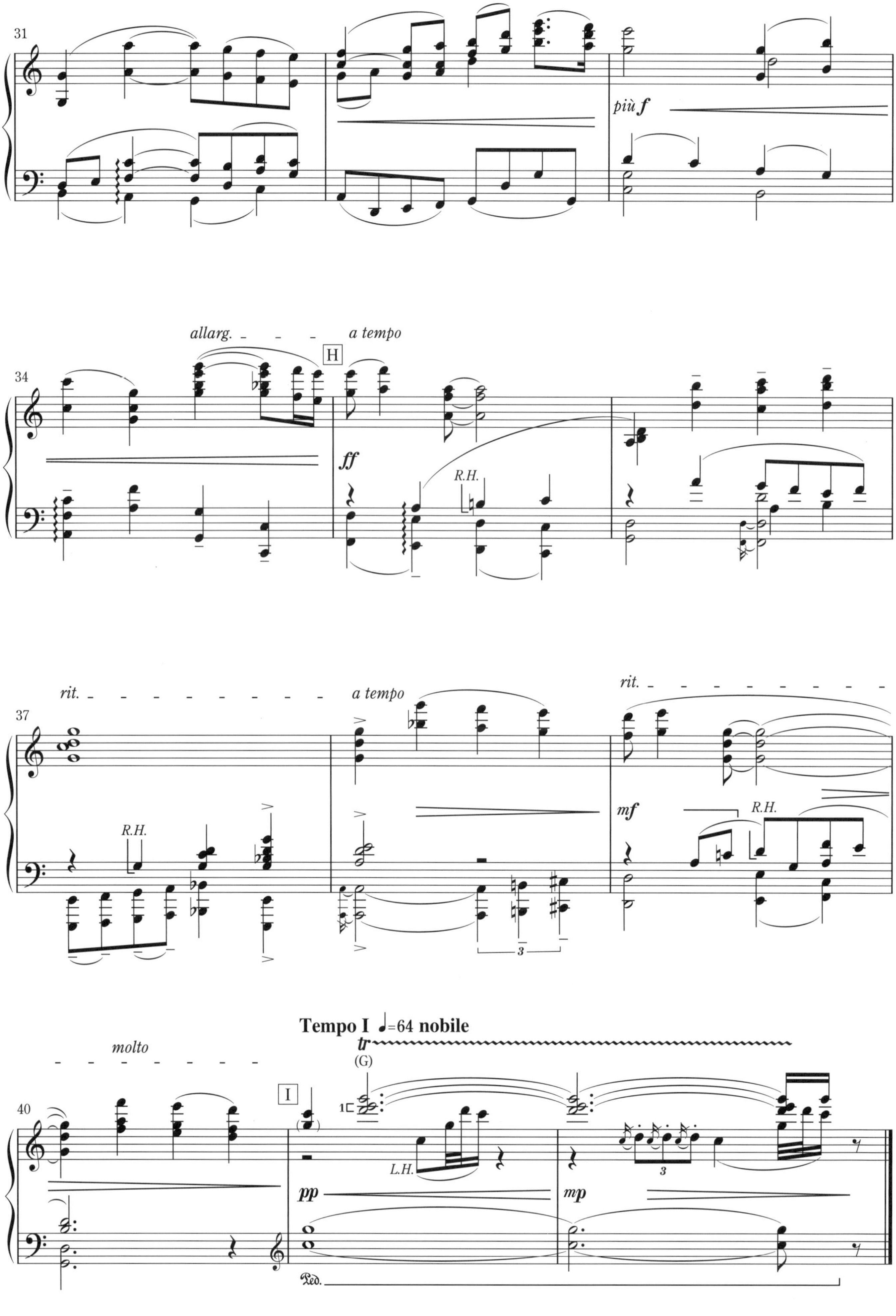
31
più f
allarg.
a tempo
H
34
ff
R.H.
rit.
a tempo
37
R.H.
mf
R.H.
Tempo I ♩=64 nobile
molto
(G)
I
40
L.H.
pp
mp
Ped.